AF250371

L'ALGÉRIE

ET

LE DÉCRET DU 24 NOVEMBRE.

Par Henry DIDIER.

> Chacun subit la loi de sa nature, et la nature militaire répugne aux institutions et aux professions civiles.
>
> Vous voulez civiliser l'Algérie; portez-y donc l'esprit civil, qui est le seul esprit civilisateur.
>
> (Un livre semi-officiel de 1846 : LA FRANCE EN AFRIQUE.)
>
> S'il est un fait avéré, c'est que les populations civiles ne s'accommodent pas des allures et des formes de l'autorité militaire.
>
> (PASSY, rapport à l'Assemblée législative.)

PARIS

LIBRAIRIE DE E. CAUSIN,

Rue de la Victoire, 7.

1861.

L'ALGÉRIE

ET

LE DÉCRET DU 24 NOVEMBRE.

> Chacun subit la loi de sa nature, et la nature militaire répugne aux institutions et aux professions civiles.
>
> Vous voulez civiliser l'Algérie ; portez-y donc l'esprit civil, qui est le seul esprit civilisateur.
>
> (Un livre semi-officiel de 1846 : LA FRANCE EN AFRIQUE.)
>
> S'il est un fait avéré, c'est que les populations civiles ne s'accommodent pas des allures et des formes de l'autorité militaire.
>
> (PASSY, rapport à l'Assemblée législative.)

(DICTIONNAIRE DE LA LÉGISLATION ALGÉRIENNE, par M. P. de MÉNERVILLE, Conseiller à la Cour impérial d'Algér.)

S'il est vrai que le passé soit la leçon du présent et un miroir où des yeux clairvoyants et bien ouverts puissent entrevoir l'accomplissement de l'avenir, serait-il donc impossible, en jetant un rapide coup d'œil sur les antécédents du gouvernement de l'Algérie, de pressentir quelles suites il faut craindre ou espérer du décret souverain qui vient de supprimer le ministre civil de notre grande colonie, et de relever à Alger, avec des attributions plus étendues, plus immédiates et plus directes, l'ancienne autorité du gouverneur-général militaire.

C'est là, sans doute, une question grave, complexe et pleine de mystères, qu'il serait téméraire de vouloir traiter en quelques pages ; mais il est aisé et à propos peut-être de la poser et de provoquer le public lui-même à l'examiner et à conclure.

Le DICTIONNAIRE DE LA LÉGISLATION ALGÉRIENNE, récemment publié par M. le conseiller de Ménerville, y invite tout naturellement. En remontant avec lui le chemin parcouru, on est assuré de rencontrer à chaque pas des sujets intéressants de méditation qui y touchent, et d'avoir à recueillir plus d'un exemple instructif.

Essayons donc !

Ce livre n'est que la mise en ordre, sous chacun des mots qui le composent, des différents actes d'autorité, de gouvernement et de législation qui, depuis le 5 juillet 1830, ont marqué, étape par étape, la marche triomphale de nos armées et notre installation lentement et péniblement colonisatrice dans les vastes et riches contrées de l'Afrique du Nord que nous avons peu à peu conquises sur la barbarie, et qui aujourd'hui [nous appartiennent sous le nom d'Algérie.

Analyse succincte ou simple reproduction chronologique de textes officiels épars et confondus dans de volumineux recueils administratifs, il n'a et ne peut avoir aucune prétention littéraire ou scientifique, et ne vaudra à son auteur, je le crains bien, ni récompense ni honneurs académiques. Il n'est pas non plus une affaire de librairie dont il soit permis d'espérer, à défaut de gloire, un sérieux et satisfaisant succès d'argent, car, à première vue, il ne semble s'adresser qu'à un bien petit nombre de lecteurs, et n'avoir été fait que pour ces rares privilégiés de l'étude que leur position ou leur profession rattachent aux choses de la justice en Algérie, et peut-être aussi pour quelques fonctionnaires attardés et exceptionnellement curieux que pourrait tenter le désir de savoir d'où ils procèdent et par quelle succession de chocs, d'efforts et d'épreuves contraires a passé, durant ces trente dernières années, la société naissante au milieu de laquelle ils vivent. Et pourtant c'est une œuvre pleine de mérite et d'intérêt qui se recommande à l'attention par les plus précieuses qualités.

Le magistrat distingué, à la patience et au dévouement duquel elle est due, a eu la singulière fortune de voir de ses yeux et de pouvoir suivre sur place, dans leurs phases et leurs péripéties diverses, les luttes sans frein et sans merci au prix desquelles a fini par se fonder, s'étendre et se consolider notre domination sur les populations et sur le territoire de ce grand royaume ; — les courageuses aventures, les espérances, les déceptions et les misères de nos premiers colons aux prises avec un sol fécond, mais encore inhospitalier, au milieu ou dans le voisinage de tribus frémissantes et toujours prêtes à l'insurrection ; — les incertitudes du début sur la portée et les limites à donner à notre occupation ; — les hésitations entre les systèmes les plus opposés de gouvernement et d'administration ; — les essais d'organisation civile, militaire et mixte substitués dix fois ou mêlés les uns aux autres, et successivement imaginés et acceptés comme remèdes à tous les maux, et critiqués et rejetés comme abusifs, insuffisants ou désastreux ;—et, en dépit de la guerre en permanence, de ces expériences trompeuses, de ces tâtonnements, des conflits, des crises répétées, des plaintes et des mécomptes de toutes sortes, la colonisation reprenant sans cesse et poursuivant son mouvement en avant ; les villes et les villages sortant de terre et se multipliant à l'envi ; les campagnes se transformant et se couvrant de luxuriantes moissons ; le commerce cherchant sa voie jusque dans les régions les plus lointaines et agrandissant incessamment son essor ; les chemins de fer arrivant enfin, et la confiance dans la richesse et dans l'avenir du pays résistant avec une indomptable énergie à tous les troubles, à tous les insuccès et à toutes les causes de défaillance et de désespoir.

Cette histoire à la fois héroïque et lamentable où apparaissent et se résument en caractères si nettement tranchés les vertus de la civilisation moderne et le néant des sociétés islamiques à bout de force expansive et de fanatisme, cette histoire encore si ignorée ou si mal appréciée, et qui sera peut-être la plus grande gloire de ce siècle, il l'a vue se faire jour par jour tout autour de lui ; il en a ressenti une à une toutes les émotions, au gré et suivant le cours des événements ; il la sait dans tous ses détails, et il n'eût tenu qu'à lui de nous la raconter disertement, avec l'accent et l'autorité d'un témoin, dans ses parties vivantes, dramatiques et personnelles.

La tâche était digne assurément de sa ferme et vive intelligence ! Mais, magistrat, et frappé, avant tout, des inconvénients pour la justice et l'administration, autant que pour les justiciables et les administrés, de la confusion créée par tant de régimes différents dans le Code de l'Algérie, il a vu là un devoir à remplir, et il lui a plu de se borner à faire la lumière dans le chaos d'arrêtés, de règlements, d'ordonnances, de décrets et de lois où se sont, jusqu'à présent, embarrassées et débattues, avec un si grand dommage, les forces les plus vives de la colonie.

C'est, au lieu de l'histoire par les faits, l'histoire par la législation, et il l'a mise, en en classant les éléments, dans un relief suffisamment expressif pour qu'il soit possible à qui voudra et saura l'interroger, de faire revivre et de comprendre la véritable situation des hommes et des choses à chacune des périodes déjà traversées, et de se rendre compte de la nature variable des besoins auxquels on s'est proposé de pourvoir, des intérêts qu'on a voulu satisfaire ou préserver, et des conséquences avantageuses ou regrettables qu'ont entraînées les mesures successivement adoptées et abandonnées.

Aussi, n'est-il pas un mot de ce DICTIONNAIRE qui ne porte avec lui un utile enseignement! Et il est permis de dire qu'il ne restera que bien peu de choses à apprendre sur l'Algérie à ceux qui auront lu avec réflexion et étudié, en les comparant entre elles, les dispositions comprises notamment sous les mots: *Administration générale, Affaires arabes, Colonisation, Concessions, Communes, Douanes, Propriété, Mines, et Justice française et indigène.*

L'Algérie, qui a donné à la France les plus vaillants parmi les vainqueurs de Sébastopol, de Magenta et de Solférino, n'est pas seulement une pépinière et une école de soldats incomparables ; elle est aussi et surtout, par son climat, par la fertilité de son sol et par la variété des richesses qu'elle renferme, une terre de promission pour des colons européens. Ceux qui l'ont visitée une fois ont le désir de la visiter encore, et ceux qui l'ont habitée longtemps et l'ont quittée ne cessent pas de la regretter. Et néanmoins, aujourd'hui, après plus de trente ans écoulés depuis le jour où nous en avons pris possession; après des sacrifices d'hommes et d'argent tels qu'aucune autre nation n'aurait pu en faire de pareils, sur un territoire dont l'étendue est égale, sinon supérieure, à celle de notre continent français, et où l'on compte moins de trois millions d'indigènes, les statistiques les plus récentes nous révèlent que nous n'avons pas réussi à y attirer plus de 208,000 Européens, et dans ce chiffre la moitié à peine de Français.

A quoi donc faut-il attribuer un tel résultat ?

A une cause unique : à l'opinion, erronée peut-être, mais instinctive et malheureusement très accréditée, qu'il n'y a nulle part dans cette autre France de sécurité suffisante ni pour les personnes ni pour les propriétés.

Des flots d'émigrants s'acheminent chaque année vers l'Amérique, alléchés par l'espoir d'y trouver, et convaincus qu'ils y trouveront, avec des instruments de travail et de bien-être, la plus entière liberté d'action; on ne va pas en Algérie, parce qu'on craint de n'y rencontrer que des obstacles et des entraves.

Les Arabes et les Kabyles, toujours vaincus, et qu'il faut encore et toujours vaincre et tenir sous la menace des baïonnettes, inquiétent à distance les imaginations bien plus que les bêtes fauves de leurs montagnes. La tribu isolée et légalement inaccessible dans sa vie en commun sur des espaces immenses, avec ses chefs et sa hiérarchie, c'est de loin la révolte à tout moment possible et en quelque sorte gardée en réserve ; et, de plus, c'est la disette de terres pour la colonisation.

La plus grande partie du pays étant, par suite de cet état de choses, exclusivement soumise à la toute-puissance de l'autorité militaire, on se persuade que toutes les affaires, publiques, privées, agricoles, commerciales et autres doivent s'y conduire comme celles d'un régiment ou d'une armée. Des gouvernants choisis dans les camps ne paraissent pas pouvoir admettre d'autre règle et d'autre droit que leur volonté et leur propre raison, et l'on se figure en outre qu'avec eux et pour eux la paix ne saurait jamais être qu'une trève, et qu'ils attendent et espèrent la guerre, comme on croit ailleurs que les médecins attendent et désirent les maladies et les avocats les procès. Et dans les territoires où il existe des administrations civiles, il suffit que, hiérarchiquement, le pouvoir militaire y soit prédominant sur celui de ces administrations, pour qu'on suppose que, bien que son action ne s'y exerce pas directement et immédiatement, elle n'y soit pas cependant moins réelle et moins souveraine que dans les territoires militaires ; et partout on voit ou l'on soupçonne un même esprit de commandement sans contrôle appréciable, un même goût pour l'obéissance passive et les mêmes empêchements au libre développement du travail et de l'initiative individuelle et collective. On s'imagine que la liberté elle-même, où elle se laisse apercevoir, ne fait que couvrir un danger, et que si, par exemple, le taux de l'intérêt de l'argent est illimité et s'il se fait des prêts commerciaux et des prêts sur hypothèques à des conditions ruineuses pour les emprunteurs, c'est qu'aussi les risques sont de toutes sortes et illimités. Enfin, la justice, différente suivant la qualification différente des territoires, et rendue par des magistrats amovibles, si exacte et si éclairée qu'elle puisse être et qu'elle soit, par cela seul qu'elle manque de cette condition : *l'inamovibilité*, que l'on tient en France pour la garantie nécessaire de l'indépendance et de l'impartialité, n'inspire pas et ne commande pas toute la confiance qu'elle mérite.

Tout cela n'est que préjugés, je le veux bien ; mais les préjugés de cette sorte ont une force de résistance et un entêtement raisonneur, dont il est bien malaisé de ne pas tenir compte. Les impressions sur lesquelles ils reposent, les circonstances restant les mêmes, ne font que se fortifier avec le temps ; elles pénètrent peu à peu et chaque jour plus profondément dans les esprits, et finissent à la longue par s'y incruster et y acquérir une consistance d'axiôme qui, tant qu'il subsiste un prétexte ou une ombre où elles puissent se prendre, ne comporte et ne souffre ni discussion ni atténuation.

Quand la capitulation du 5 juillet 1830 eut livré à nos troupes la ville et le port d'Alger, la grande, la seule affaire étant, à ce premier moment, de se reconnaître dans ce repaire de piraterie demeuré pendant trois siècles à peu près impénétrable au regard de l'Europe, et d'y maintenir provisoirement, avec l'ordre matériel, le prestige et la terreur de nos armes, c'est la nécessité qui conféra au général en chef de l'armée victorieuse le pouvoir souverain, tel qu'il venait de tomber des mains du Dey, sous les seules conditions que — « l'exercice de la religion mahométane resterait libre ; » — que « la liberté des habitants de toutes les classes, leurs propriétés, leur commerce et leur industrie ne recevraient aucune atteinte ; » — et que « leurs femmes seraient respectées » ; — et il fut d'autant plus autorisé à s'en saisir et à l'exercer ainsi à son gré et sans partage, qu'on ne savait pas alors ce qu'on ferait et ce qu'il était possible de faire d'une telle conquête.

Mais, à un an de là, l'opinion publique en France avait rendu son verdict. Une expédition heureuse nous avait ouvert l'accès d'un pays qui avait été autrefois le grenier de Rome et que la barbarie s'obstinait à dépeupler et à stériliser ! Pouvions-nous en rester là ? Le devoir et l'honneur ne nous commandaient-ils pas de pousser en avant, de réveiller cette vieille terre endormie, de lui restituer sa primitive fécondité et de la reconquérir à la civilisation ? Ajoutez à cela que, dans l'intervalle, quelques milliers de nos compatriotes, des vaincus de la politique, heureux de se réfugier dans cette dernière gloire de leur Royauté pour la troisième fois condamnée à l'exil, et, avec eux, de hardis chercheurs du nouveau, esprits entreprenants que fascine et qu'entraîne le mirage de l'inconnu, avaient pris d'eux-mêmes les devants et posé les premiers jalons de la route à suivre, en s'appropriant le sol, en bâtissant, en défrichant, en cultivant derrière les lignes de nos soldats et même au-delà ; — tant il y a que, sollicitée de toutes parts par les plus nobles attractions en même temps que par les calculs les plus vulgaires, la colonisation devait nécessairemeut venir.

Il n'y avait plus d'hésitation possible ; et, comme il est dans la raison des choses que, à une œuvre civile, il faut, pour guide et pour direction, une administration civile, il intervient, à la date du 1ᵉʳ décembre 1831, une ordonnance royale qui, — « Considérant que, s'il était nécessaire, dans les premiers temps qui ont suivi l'occupation du pays d'Alger, de laisser réunis dans une seule main les pouvoirs civils et militaires, il importe maintenant au bien-être de l'établissement que ces pouvoirs soient séparés, afin que la justice et l'administration civile et financière puissent dans ce pays *prendre une marche régulière* », — institue un intendant civil auquel elle remet, sous les ordres immédiats du président du conseil des ministres, et respectivement sous ceux de chacun des autres ministres, le soin de la conduite et de la surveillance de tous les services civils en Algérie; » — et une seconde ordonnance du 6 du même mois, conséquence forcée de la précédente, décharge le général en chef de toutes les attributions incompatibles avec sa fonction spéciale, et le réduit à son rôle normal de commandant du corps d'occupation d'Afrique.

A ce poste éminent d'intendant civil on appelle un conseiller d'Etat qui avait été mêlé à l'administration de nos colonies, et qui, mieux que personne, paraissait capable de présider efficacement à la direction d'une aussi grande entreprise.

C'était une ère nouvelle qui commençait ! A l'arbitraire qui, précédemment, avait tout réglé et tout conduit, à l'aventure de ses inspirations, allait succéder le salutaire régime de la loi et le travail de la colonisation, affranchi des exigences de la raison d'état militaire et assuré désormais de la liberté et de la protection qui lui sont partout nécessaires, allait pouvoir se développer en toute confiance et faire un appel entendu aux bras et aux capitaux.

Mais on s'abusait étrangement. Déjà le pouvoir extraordinaire qui avait pour base et pour légitimité la conquête, avait pris racine dans le cœur de ses élus. Maître du terrain et non moins expert dans l'art de défendre les places que dans celui de les prendre, il sut habilement profiter de ses avantages et ne tarda pas à susciter aux prétentions ambitieuses du malencontreux administrateur civil qui osait venir, au milieu du tumulte des armes, revendiquer avec une certaine hauteur le droit pacifique de la colonisation, de telles humiliations et de tels embarras que, au bout de quelques mois, il était contraint de s'avouer vaincu et de céder la place ; jusque-là que, le **21 mai 1832**, une nouvelle ordonnance royale révoquait celle du 1er décembre **1831** et rétablissait le commandant en chef de l'armée à la tête de tous les services de la colonie.

C'était prématurément, disait-on, qu'on avait cru possible l'installation d'une autorité civile supérieure et indépendante dans un pays où notre domination n'avait encore d'assiette sérieuse que sur quelques villes du littoral et leurs banlieues, et où elle ne saurait s'étendre et se faire accepter que par une guerre à outrance, difficile, longue et implacable dans son action, et à la condition de n'être gênée ou arrêtée par aucune considération de vétilleuse légalité.

Et dix ans, vingt ans, trente ans après, quand la nationalité arabe aura subi le jugement de Dieu, et que son héros, à bout de ressources, sinon de courage et de génie, aura été réduit à incliner son orgueil devant la fatalité et à remettre sa personne en nos mains ; quand ensuite les Kabyles auront été poursuivis et forcés jusqu'au sommet de leurs montagnes les plus inaccessibles ; quand enfin, du Maroc à la Tunisie et de la mer au désert, l'Algérie entière, courbée sous le joug de l'impossible et résignée à l'obéissance, sera définitivement devenue une annexe de la France, il sera trop tard. L'armée seule, possédant tous les instruments de gouvernement du pays, aura contracté des habitudes de commandement et de suprématie qui s'imposeront bon gré mal gré, sous la

menace des plus grands périls et sous peine de voir remettre tout en question.

Il ne se peut pas toutefois que la raison ait jamais tout-
à-fait tort. Aussi ne supprima-t-on pas toute administration civile avec l'intendance qui avait si vite et si fort ex-
cité les ombrages de la puissance militaire. Il resta une
intendance civile, mais transformée et défigurée, qu'on fit
descendre de la position de pouvoir propre au rang d'exé-
cutrice des desseins et des volontés du chef de l'armée.
Et,—bien que les services en dépendant se soient déve-
loppés avec le temps et aient pris une importance plus
grande, au fur et à mesure que s'est élargi et étendu devant
nous et autour de nous le rayon de notre souveraineté,
—toujours dans une condition inférieure, subordonnée,
passive et précaire, s'ils n'ont pas laissé de fonctionner
d'une manière utile, s'ils ont été souvent un obstacle au
mal, il ne leur a pas été donné de faire tout le bien que
la colonisation était en droit d'attendre d'eux.

Pour bien montrer qu'ils n'avaient qu'une valeur toute
relative, celle d'une concession forcée à l'empire des circonstances, ils ont été soigneusement tenus en lisière
dans les plus étroites circonscriptions : Intendance civile,
Direction de l'Intérieur, Direction générale ou particulière des affaires civiles, Préfectures, ils n'ont eu d'action
et d'autorité que sur les populations vivant dans les territoires dits civils, et il leur a été interdit de prendre part,
même dans ces territoires, à l'administration des tribus
dont les intérêts étaient considérés comme liés de trop
près à la question toujours pendante de la paix et de la
guerre pour qu'on voulût consentir à y laisser pénétrer
d'autres yeux que ceux des agents militaires.

C'est ainsi que, systématiquement, les populations indigènes ont été tenues séparées, le plus qu'il a été possible, du courant des idées, des sentiments et des intérêts de la société nouvelle qui cherche à se créer à côté d'elles et qui voudrait se confondre avec elles.

Dans le but louable, mais impolitique de ménager leurs susceptibilités de race et de prévenir les occasions et les prétextes de conflits entre elles et les colons, on a respecté et maintenu jusqu'à présent leur unité et perpétué un danger réel, inhérent à la concentration de forces naturellement réfractaires, qu'un même esprit d'hostilité peut soulever à un moment donné et qu'il faut encore surveiller et craindre, quand depuis longtemps il devrait avoir disparu.

De là les bureaux arabes auxquels était réservée une si éclatante célébrité, et d'où sont sortis la plupart de nos généraux les plus populaires et les plus glorieux.

A l'opposé des fonctionnaires civils qui voyaient se dresser de toutes parts devant eux de véritables murailles chinoises et à qui ne fut guère permise que l'ambition de s'acquitter honorablement mais obscurément de devoirs vulgaires, une foule de jeunes officiers, apercevant là une carrière sans limites, tout ouverte aux espérances et aux entreprises des intelligences prévoyantes et hardies, s'y précipitèrent avec l'entraînement et l'enthousiasme de la plus noble émulation. Ils se mirent à apprendre la langue des indigènes, à étudier leur organisation, leurs mœurs, leur religion, leurs goûts, leurs tendances, et, après s'être ainsi créé le droit de servir pendant plusieurs années d'éclaireurs à l'armée dans ses difficiles expéditions, devenus les intermédiaires nécessaires de toute l'action gouvernementale et administrative de leur chef sur le peuple arabe, il devait arriver et il arriva un jour que, sous l'apparence de simples auxiliaires du commandement, ils s'étaient élevés en réalité à la hauteur du commandement lui-même..

C'est un d'entre eux qui, faisant à cet égard ses confidences au public, a écrit :

« On compare quelquefois le bureau arabe à l'autorité des pachas d'Orient ; le bureau arabe a sur les musulmans un pouvoir plus étendu, puisque, en outre de tout ce que peut faire un pacha, il contrôle tout ce qui touche à la religion musulmane, et cela avec bien plus d'indépendance que ne pourrait le faire un successeur des satrapes. »

Avec cela, et malgré des abus partiels et inséparables d'un aussi énorme pouvoir, ils ont rendu les plus grands et les plus signalés services.

C'est par eux, à l'aide de leurs actives et vigilantes informations, que les plans d'Abd-el-Kader ont été plus d'une fois déconcertés ; que les trames des agitateurs subalternes qui, après lui, ont prêché et essayé de ranimer la guerre sainte, ont pu être découvertes à propos, traversées et déjouées ; que le secret de la faiblesse des tribus, individuellement fouillées, interrogées et pratiquées dans les divers éléments de leur histoire et de leur constitution, a été pénétré et qu'ont été coordonnés, sur les exemples laissés par les Turcs et surtout par Abd-el-Kader les moyens un peu primitifs mais éprouvés et sûrs de comprimer et de gouverner la race conquise.

En communication directe, personnelle et de tous les instants avec elle, commandants de ses contingents de guerre, les premiers et les plus braves dans les combats chez un peuple enthousiaste de la bravoure, répartiteurs de l'impôt, distributeurs de la justice, dispensateurs des punitions, des récompenses et des honneurs, ils ont été pour elle la personnification vivante et agissante de la souveraineté de la France ; — et, sous le charme des hommages, de la confiance, du respect et de la crainte qu'ils ont su imposer, enivrés de cette vie moitié féodale, moitié patriarcale, où tout était à leur gré simple et facile et constituait le meilleur et le plus parfait des mondes possibles, ils semblent avoir pris à tâche de s'y renfermer de leur mieux et de s'appliquer, — en toute conscience, bien entendu, et dans des vues absolument désintéressées! — à éloigner d'eux et des territoires soumis à leur autorité le contact dissolvant de la colonisation et à modérer, autant qu'il était en eux, ses efforts comme trop hâtifs et compromettants pour la paix publique.

Est-ce à dire que les chefs militaires qui ont tour à tour et à tous les degrés gouverné l'Algérie, aient été, de parti pris, hostiles à la colonisation ? — Non, assurément. Il en est, au contraire, et beaucoup qui ont apporté à son service la plus entière bonne volonté, et se sont très-généreusement efforcés de lui venir en aide. Le premier de tous qu'il faut citer, le plus grand et le plus illustre, c'est le maréchal Bugeaud.

On sait quelle était sa devise : « *Ense et aratro.* » A la fin de nos grandes guerres, il s'était réfugié dans les travaux des champs ; et là, colon anticipé sur notre propre sol, en lutte avec une terre ingrate et infertile, il était parvenu, à force de patience et d'industrie, à en faire une ferme modèle, productive et chère à son cœur, et avait été ainsi pendant quinze ans un des types les plus originaux et les plus remarqués du soldat laboureur ; de sorte

que, au lendemain de la révolution de juillet, l'occasion
venue de ressaisir son épée, il n'était pas moins bien préparé à résoudre les utiles et intéressants problèmes de l'a-
griculture qu'il n'était propre au métier des armes auquel
avait été consacrée sa vigoureuse et ardente jeunesse.

Nommé en 1841 gouverneur général de l'Algérie, c'est
à lui qu'est échue la gloire immortelle d'avoir imaginé la
stratégie qui a désespéré la résistance des Arabes, et en
définitive amené de vive force leur soumission. Mais ce n'é-
tait pas assez : le conquérant aurait aussi voulu être le coloni-
sateur. Autant qu'il le crut possible, il employa les troupes à
faire des routes et des travaux de défrichement et d'assainis-
sement; il affecta aux régiments des lots de terrains à cultiver;
il s'ingénia à retenir les soldats, avant l'époque de leur libé-
ration, par l'attrait de la propriété, et tenta la mise en œuvre de tout un système de colonisation militaire; il présida
à la création de villes et de villages, où furent établis des
colons civils; il fit distribuer aux cultivateurs pauvres des
secours en semences et en bêtes de labour ; il chercha à
faciliter la production en faisant acheter les produits pour
les besoins de l'armée ; il prodigua à tous les leçons et les
encouragements de son expérience. Il songea même à as-
socier les indigènes à l'accomplissement de ses projets.
« Ma doctrine politique vis-à-vis des Arabes, disait-il, est
« non pas de les refouler, mais de les mêler à notre colo-
« nisation. »

Il existe de lui, adressées aux généraux placés sous
ses ordres, des instructions sur le meilleur mode de gouvernement à suivre avec eux, qui sont des modèles de
sagesse, de bon sens et d'humanité, et les communica-
tions qu'il daignait leur faire à eux directement sont

pleines des conseils les plus paternels et les plus touchants :

« Vous savez, leur écrit-il, les malheurs qui sont arrivés aux tribus qui se sont révoltées contre nous et les volontés de Dieu. Si vous voulez être heureux, restez fidèles à la promesse de soumission que vous nous avez faite. » — Et puis : « Occupez-vous avec activité et intelligence d'agriculture et de commerce; établissez des villages ; bâtissez de bonnes maisons en pierres et couvertes en tuiles, pour n'avoir pas tant à souffrir des pluies et du froid en hiver, de la chaleur en été ; faites de beaux jardins et plantez des arbres fruitiers de toute espèce, surtout l'olivier greffé et le mûrier pour faire de la soie. Vous vendrez très bien l'huile et la soie, et, du produit de la vente, vous vous procurerez tout ce qui est nécessaire pour vous habiller et meubler vos maisons. Faites de grandes provisions de paille et de foin pour nourrir vos bestiaux pendant la mauvaise saison; construisez des hangars pour abriter vos troupeaux contre les pluies et les neiges qui en détruisent beaucoup; ayez de meilleures charrues pour labourer la terre, etc., etc. »

Et ces exhortations d'une si merveilleuse bonté, après les avoir écrites, il les leur répète de vive voix en toute occasion et les leur commente, non pas seulement parce qu'il les a vaincus et qu'il voudrait n'avoir plus à les vaincre, mais parce qu'il est ému de leur situation misérable, et qu'il a à cœur d'améliorer leur sort et de les intéresser au travail commun de la colonisation.

En même temps les services civils agrandis s'essayaient dans un commencement d'attributions mieux définies à plus d'influence et d'autorité, et, réglée par des ordonnances habilement inspirées et auxquelles est resté attaché le nom d'un notable magistrat qui est aujourd'hui et depuis longtemps une des lumières de la Cour de Paris, M. le conseiller Henriot, la justice devenait assez forte et assez imposante pour pouvoir plus utilement remplir sa mission.

A tous ces titres donc, le maréchal Bugeaud a bien mérité de la colonisation algérienne.

Mais en lui l'homme de la colonisation était, à son insu, dominé par le soldat, surtout, préoccupé de l'honneur et de l'infaillibilité de la discipline ; et, dans les procédés de son gouvernement, il y avait, contre son gré, par habitude et par seconde nature, un ton de supériorité tranchante et d'inéluctable contrainte mal assorti avec les susceptibilités de l'esprit civil moderne.

La colonisation par voie de concessions, avec une population destituée de ressources individuelles et soutenue par l'assistance de l'Etat, doit et peut, à la rigueur, tout en souffrant de ces allures, les supporter ; la colonisation volontaire et libre, celle qui apporte et attire les capitaux, qui fertilise et qui multiplie, y répugne et s'en effraie. Celle-ci veut être ménagée et a besoin de trouver son devoir écrit dans la loi et non ailleurs ; il lui faut l'assurance de garanties équivalentes à celles de la patrie ; et, ces garanties lui manquant, elle languissait privée d'air, d'horizon et d'élan, et demandait en se plaignant à la métropole des garanties qui ·toujours étaient promises et toujours se montrèrent hésitantes à venir.

C'est alors qu'on vit arriver en Algérie des députés, des journalistes, des romanciers, des artistes, tous plus ou moins épris de poésie pittoresque, et dont quelques-uns, à la suite de colonnes expéditionnaires, et les autres, dans l'hospitalité des bureaux arabes, apprirent en quelques jours le fort et le faible de toutes les questions à résoudre. Les grands travaux exécutés par l'armée, son insouciance et sa gaîté en face des plus redoutables dangers, son courage et son entrain auxquels rien ne résiste, leur parurent avec raison trop peu admirés et insuffisamment récompensés, — et les fêtes qui leur furent données chez les tribus, sous la voûte resplendissante du plus beau ciel ou sous la tente, avec accompagnement de festins homériques, et où ils virent nos officiers écoutés, obéis et servis, comme des sultans, par ces Arabes, si fiers pourtant dans leur démarche, si indépendants dans leur vie, si majestueusement drapés dans leurs beurnous rouges, noirs et blancs, si vite à cheval et si empressés et si heureux de faire parler la poudre, achevèrent de les éblouir. Ils crurent assister à la réalisation d'un de leurs plus beaux rêves d'Orient. Qu'était-ce auprès de cela que les administrations civiles, avec leurs airs bourgeois, leur paperasserie, leurs villages officiels si misérablement habités, et leur autorité mesquine et perpétuellement chancelante? Et la population coloniale, avec ses costumes européens, affairée, besogneuse et récalcitrante, valait-elle donc la peine d'être comptée pour quelque chose?

Députés, journalistes, romanciers et artistes rentrèrent en France émerveillés et s'écriant en chœur comme ces autres dont parle Pascal: « Il n'y a rien de grand que la guerre; le reste des hommes sont des coquins » — et tout fut dit.

Cependant, en 1846, les réclamations et les doléances des colons avaient éveillé quelque intérêt, et il se publiait, sous le patronage d'un ministre célèbre, homme d'Etat et autrefois professeur de civilisation, un livre éminemment remarquable où étaient analysés et appréciés les moyens de colonisation pratiqués avec succès dans l'antiquité et dans les temps modernes, et qui concluait à l'établissement d'un gouvernement civil en Algérie, et d'un ministère spécial à Paris.

Un mot nouveau, émané d'une telle source, sur une situation aussi digne de l'attention de tous les esprits sérieux, est un germe que la terre attend pour le féconder et l'idée qu'il recouvre ne peut manquer d'avoir son jour de fortune.

Ce mot prononcé eut un retentissement considérable. L'omnipotence du gouvernement militaire en fut ébranlée ; elle commença à être battue en brèche par la presse ; les Chambres législatives elles-mêmes sentirent le besoin de la discuter et de lui adresser des avertissements.

A la Chambre des députés, elle eut à subir de graves et amères critiques , à l'occasion d'un rapport fait par un orateur qui, lui aussi, avait parcouru l'Algérie, mais en philosophe et en publiciste, après avoir vu et bien vu les Etats-Unis et y avoir profondément étudié les conditions de tout progrès, en matière de colonisation, — par le si regrettable et tant regretté M. de Tocqueville. On s'y étonna qu'une colonie qui coûtait annuellement à la France près de 100 millions, qu'on disait entièrement soumise et dont la richesse était attestée par tout le monde, fût si lente à se peupler et à produire ; on y pensa que là aussi il y avait quelque chose à faire, et il y fut reconnu en principe que tout au moins des tempéraments devaient être apportés à un régime sur lequel étaient rejetés tous les torts de l'insuccès de la colonisation.

Ces critiques et ces discussions aboutirent, à la fin de 1847, au rappel du maréchal Bugeaud, qui, bien que blessé de tant d'ingratitude, regagna la France, justement enorgueilli des grandes et mémorables choses accomplies par lui et sous son impulsion pendant les sept années de son commandement. Il fut remplacé par le jeune duc d'Aumale, qui, en sa qualité de prince de la maison royale, cumulait en lui le double caractère du général et du chef civil. Ayant été élevé au collége, comme s'il n'eût été que le fils d'un simple citoyen, instruit, libéral, bienveillant, tout à tous, — connu et aimé de l'armée qu'il avait suivie ou dirigée dans vingt combats et qui avait admiré son entraînante impétuosité à la prise de la Smala, — agréable à la population civile, qu'il charmait par la bonne grâce et l'affabilité de ses manières, et qui accueillait en sa personne le réparateur de tous ses maux, — il semblait devoir concilier tous les intérêts et donner une suffisante satisfaction aux vœux les plus impérieux du moment. Mais la révolution approchait menaçante et allait l'emporter avec les espérances que son avènement avait fait naître, avant même qu'il eût pu s'asseoir dans son pouvoir et réfléchir à ce qu'on attendait de sa bonne volonté éclairée. Quand elle fut là, devant lui, venant le frapper, après avoir frappé sa famille, il s'oublia noblement pour ne songer qu'à son devoir de Français, et ne se résigna à abandonner son poste qu'après avoir mis de son mieux en défense les abords de la capitale de l'Algérie. Aussi, pendant ce temps, ne cessa-t-il pas d'être entouré de tous les égards dus à sa position, et de tous les applaudissements dus à sa personne; et, à l'heure fatale du départ, lui fit-on respectueusement cortége jusqu'au bateau qui devait l'acheminer à l'exil, sans qu'un cri discordant eût osé se faire entendre à ses oreilles ou sur ses pas.

Mais il n'avait pas encore disparu à l'horizon que la Révolution faisait partout explosion et était saluée d'acclamations bruyantes et unanimes.

L'occasion se présentait si belle de protester à pleine voix contre une domination que jusque-là l'on avait forcément soufferte avec patience, mais que la conscience de tous repoussait comme insupportable et désastreuse ! Le peuple d'Alger se hâta d'en profiter, et, tout à coup soulevé par un même sentiment, se trouva d'accord dans la même volonté de n'être plus gouverné que par la France et de la même manière que la France elle-même.

Ainsi va le train des affaires humaines, d'un extrême à l'autre ; et ainsi, le plus souvent, au lieu d'atteindre au mieux, ne réussit-on qu'à déplacer la cause du mal dont on souffre et à en souffrir autrement ou davantage !

La prétention fut trouvée téméraire et exagérée ; elle tenait trop compte du très-petit nombre des colons alors établis en Algérie, et elle ne faisait pas assez état des indigènes que la contagion révolutionnaire pouvait gagner à leur tour ; — et le gouvernement militaire fut conservé avec cette réserve que l'Algérie serait à l'avenir représentée dans les assemblées françaises, et que ces assemblées décideraient de ce qu'il serait possible de faire pour elle.

L'Assemblée constituante vécut trop peu et trop vite, et fut trop occupée d'elle-même et des difficultés qui l'assaillirent de toutes parts à l'intérieur pour pouvoir se prêter à un examen attentif de cette question spéciale et en admettre la discussion approfondie. Après les funestes journées de Juin, elle vota des millions pour la création de centres agricoles en faveur des masses ouvrières que Paris ne pouvait plus nourrir, et se borna ensuite à proclamer dans sa Constitution que l'Algérie serait régie par des lois particulières.

D'un autre côté, il parut à propos au chef du pouvoir exécutif de rattacher par une série de décrets les services civils algériens, suivant leur spécialité, aux ministères des cultes, de la justice, de l'instruction publique et des finances; puis, à la veille de descendre du pouvoir, de promulguer un dernier décret, provisoirement organique de l'administration générale, lequel, tout en faisant plus large que par le passé la part de l'autorité civile, et en la fortifiant par l'adjonction de conseils généraux électifs, ne touchait pas sensiblement au fond des choses, et ne fut guère du reste, dans l'application, qu'une lettre morte en plusieurs points importants, et notamment en ce qui est relatif aux conseils généraux.

Et ce fut tout.

Enfin arriva l'Assemblée législative, et, en 1850, une commission instituée dans son sein fut chargée de préparer les lois promises par la Constitution. Cette commission pensa que la première satisfaction à donner à l'Algérie devait être de l'encourager dans son travail en le nationalisant. Par une anomalie inexplicable, alors que tous les produits naturels ou manufacturés de la France étaient admis en franchise en Algérie et y circulaient exempts de tous droits, les produits algériens, au contraire, n'étaient reçus en France qu'au titre de produits étrangers. Une loi fut faite et adoptée, qui réunit, sous le rapport douanier, l'Algérie à la France, et ouvrit le marché de la métropole aux produits algériens, dont l'origine serait dûment justifiée.

Une seconde loi était réclamée avec instance. La propriété rurale ne reposait que sur des titres incertains, et était dans un désordre extrême sous la main de l'administration, qui s'était arrogé le droit de l'assujettir à des vriéfications et à des déchéances excessives et inutilement vexatoires. L'assemblée, sur la proposition de sa commission, lui restitua son véritable caractère et son inviolabilité, en la replaçant sur la base du droit commun et sous la juridiction exclusive des Tribunaux ordinaires.

Bientôt après, elle décidait la fondation à Alger d'une banque d'escompte, de circulation et de dépôt, sous le nom de *Banque de l'Algérie*, et offrait au commerce et à l'industrie du pays des ressources et des moyens d'action qui, depuis l'origine, lui avaient fait défaut.

Mais la commission ne devait pas et ne voulait pas s'arrêter là. Il ne lui semblait pas possible de ne faire de l'Algérie et de la France qu'un seul et même corps gouverné par les mêmes procédés ; mais elle comprenait que les capitaux et les bras ne se dirigeraient volontiers vers l'Algérie qu'autant qu'ils seraient assurés d'y rencontrer des garanties de liberté, de particulière et de commune défense et de justice égales à celles dont ils jouissaient en France, et elle se proposait de soumettre successivement aux délibérations de l'Assemblée une loi d'organisation gouvernementale, une loi départementale et communale, et une loi d'organisation judiciaire qui pussent mener à ce but.

Malheureusement, elle poursuivit une chimère. La seule de ces lois qu'elle eut la possibilité d'élaborer, fut la loi sur l'organisation du gouvernement.

Dans de nombreuses séances, elle avait eu à se rendre compte de tous les systèmes et à les discuter; et, l'assimilation complète condamnée et écartée comme dangereuse, aussi bien que le gouvernement militaire, elle avait donné ses préférences au principe du gouvernement civil relié à un ministère spécial, et avait rédigé un projet dont l'esprit et l'économie se peuvent résumer dans les dispoistions suivantes :

« Tous les pouvoirs centralisés à Paris dans les mains d'un ministre spécial ;

« L'administration générale de chaque province confiée à un gouverneur civil assisté d'un conseil provincial ;

« Chaque province divisée en territoire civil et en territoire militaire et formant une division militaire ;

« Le territoire civil régi directement par le gouverneur
provincial avec un conseil de préfecture et un conseil général électif ;

« Le territoire militaire régi, sous l'autorité du gouverneur provincial, par le général commandant la division,
assisté d'une commission consultative ;

« La direction une pour chaque province et ayant le caractère civil : double condition indispensable au progrès
régulier et suivi de la colonisation ;

« Et, en dehors et à côté de ces combinaisons adminis-
tratives, un commandant supérieur des forces de terre et
de mer chargé de pourvoir à la défense du pays. »

La commission, en proposant cette réforme du gouvernement de l'Algérie, transaction entre des extrêmes où
l'autorité civile et l'autorité militaire allaient pouvoir se
rencontrer unies pour le bien commun dans la mesure de
leur compétence rationnelle, espérait avoir trouvé le
point exact de conciliation de tous les intérêts, de tous
les vœux et de toutes les ambitions légitimes.

Dès le 2 mai 1850, le rapport qui en expliquait les mo-
tifs, et qui était l'œuvre d'un esprit aussi prudent que distingué, de l'honorable M. Hippolyte Passy, avait été déposé
sur le bureau de l'assemblée, et il était présumable qu'elle
réunirait sans trop de peine la majorité des suffrages.

Mais le ministère de la guerre y était défavorable. Lors
de la formation de la commission, il avait déclaré tout
haut qu'il ne lui prêterait aucun concours ; à plus forte
raison devait-il refuser son approbation à un projet de loi
présenté par elle dans le but de lui enlever la suprême influence sur une colonie qui n'était à ses yeux qu'une dé-

pendance toute naturelle de son autorité particulière. Il
en advint que ce projet porté plusieurs fois à l'ordre du
jour en fut toujours retiré sous un prétexte ou sous un autre, et qu'il ne put atteindre à l'honneur d'une discussion
publique et décisive.

Ç'a été le malheur de l'Algérie de n'avoir été racontée
à la France pendant vingt ans que par des bulletins de ba-
taille. Notre vieille curiosité gauloise, tour à tour terrifiée
et ravie par ces récits de musulmans farouches coupant
les têtes, et de zouaves intrépides réduisant à merci par la
vertu de leurs baïonnettes des tribus sans cesse en rébel-
lion, en a fait des légendes où les possibilités de la colonisation civile n'ont obtenu qu'une place bien restreinte.

L'histoire ainsi faite, les nécessités et les grandeurs de
la guerre ont été seules aperçues et senties par le plus
grand nombre. Représentées dans les assemblées par des
généraux illustres, qui étaient la gloire et l'orgueil de notre
patrie, elles y ont dominé et déterminé l'opinion, et il eût
été besoin de quelques années encore et de bien des efforts pour dissiper les préoccupations et les terreurs ima-
ginaires et y ramener les esprits à une calme et juste ap-
préciation des choses.

Mais le coup d'Etat est venu sur ces entrefaites imposer
silence aux voix algériennes, et aussitôt le gouvernement
militaire raffermi rentrait avec éclat dans la plénitude de
sa suprématie.

La magistrature, malgré son application paisible et son
dévouement exclusif à l'exécution des lois, n'eut pas tout
d'abord à s'en féliciter. Six conseillers furent dépossédés
de leurs siéges et révoqués, sans qu'on ait jamais bien
connu la cause de cette disgrâce. Seulement il est permis
de supposer qu'il n'y avait pas de fautes très-graves à leur

reprocher, car la bienveillance de M. le garde des sceaux ne tarda pas à transformer pour trois d'entre eux la révocation en admission à la retraite et à appeler les trois autres à des places de conseillers en France, faveur insigne qui leur conféra l'inamovibilité, aujourd'hui encore ambitionnée par les magistrats de l'Algérie.

Un revers de cette nature, dont la conséquence immédiate fut de priver l'Algérie du droit d'exposer directement et au grand jour ses misères, ses besoins et ses griefs, — et de rendre la vie à un régime qui lui était antipathique, pouvait paralyser pour longtemps son activité colonisatrice.

Il n'en fut rien. Ses colons, d'autant plus hardis à l'œuvre que les difficultés à vaincre se faisaient plus grandes devant eux, redoublèrent d'énergie et n'en opérèrent pas moins des miracles de culture et d'industrie. On en a vu les témoignages à l'Exposition universelle de 1855. Mais la confiance qu'ils persistaient à avoir en eux-mêmes et dans leur patriotique entreprise, il leur fut impossible de la faire partager à la France. Depuis lors, le chiffre de la population, signe matériel et irrécusable du mouvement et du crédit de la colonisation, resta stationnaire; du moins il se montra tout aussi lent à s'accroître que par le passé, et les capitaux n'hésitèrent pas moins à s'engager dans des affaires qui ne leur paraissaient pas suffisamment garanties et protégées.

Six nouvelles années écoulées, la preuve de l'incompatibilité absolue de la domination militaire avec *une marche régulière* de la colonisation semblait de nouveau acquise et aussi péremptoire que pouvaient la vouloir les plus prévenus et les plus exigeants.

Il parut urgent d'aviser : et, au mois d'août 1858, un

décret, reprenant l'idée principale de la commission de l'Assemblée législative, substituait au gouvernement militaire un gouvernement civil avec un ministère spécial.

On lit dans le rapport qui le précède et le justifie :

« L'état de l'Algérie peut se résumer ainsi : Beaucoup de bien a été fait, des résultats immenses ont été obtenus ; mais on ne peut se dissimuler qu'il y a des abus à faire cesser et qu'il faut pour cela beaucoup de force et d'unité de volonté. La conquête et la sécurité sont entières, grâce aux efforts glorieux de notre armée, les crimes sont rares, les routes et les propriétés sont sûres, les impôts rentrent bien ; et cependant la colonisation est presque nulle : 200,000 Européens à peine, dont la moitié Français ; moins de 100,000 agriculteurs ; les capitaux rares et chers, l'esprit d'initiative et d'entreprise étouffé, la propriété à constituer dans la plus grande partie du territoire, le découragement jeté parmi les colons et les capitalistes, qui se présentent pour féconder le sol de l'Algérie. Telle est la situation vraie. »

A l'apparition de ce décret, il se fit entendre d'un bout à l'autre de l'Algérie un long cri de délivrance.

Enfin, voilà la terre promise ! La colonisation, libre de la chaîne qui l'empêchait de marcher va pouvoir travailler, s'étendre, prospérer et s'enrichir sous la bienfaisante et seule tutelle de la loi commune de la France !

Des conseils généraux sont créés, non électifs ; mais la plupart de leurs membres sont choisis parmi les colons les plus estimés et les plus intelligents ; les territoires civils sont agrandis ; l'action de la justice ordinaire est fortifiée et rendue plus protectrice de la liberté individuelle ; de nouveaux Tribunaux et de nouvelles justices de paix sont institués ; l'organisation de la justice musulmane est modifiée ; l'appel des décisions des kadis est ouvert aux jus-

ticiables devant les Tribunaux français, où les musulmans
peuvent, dans tous les cas, porter directement leurs procès par une procédure prompte, facile et peu coûteuse ;
les Européens et les Israélites en territoire militaire sont
soustraits à la juridiction des Conseils de guerre et
replacés sous la juridiction de leurs juges naturels : les
Tribunaux correctionnels et les Cours d'assises ; le principe de la vente des terres est substitué au système trop
arbitraire et souvent abusif des concessions ; des villages
nouveaux sont formés ; le Crédit foncier est autorisé à
étendre ses opérations à l'Algérie et offre à la propriété
algérienne le tiers de ce qu'il prête à la métropole ; d'importants travaux d'utilité publique sont décrétés, et, ce
qui met le comble à tous ces bienfaits, trois chemins de
fer sont votés et concédés.

C'est ainsi qu'en deux ans le gouvernement civil et le
ministère spécial impriment à la colonie une vie toute
nouvelle et la font entrer d'un pas précipité dans la voie
du progrès, où elle n'avait fait jusque-là que se traîner péniblement.

Mais la main qui lui avait préparé ces destinées s'est
retirée fatiguée avant l'heure ; mais dans les arrangements
administratifs destinés à être les cadres et les soutiens de
cette marche rapide en avant, le pouvoir militaire et le
pouvoir civil avaient été faits égaux et identiques ; l'unité
de direction y manquait ; les mouvements y devaient être
souvent contraires et les occasions de rencontres, de chocs
et de conflits inévitables ; mais on ne s'était pas assez préoccupé des personnes ; on ne les avait pas assez étudiées
et choisies, et on ne les a pas assez ménagées.

Il eût été habile autant que sage de saluer avec respect
ceux qu'on détrônait et qu'on remplaçait, même alors

qu'on ne faisait que reprendre un trône usurpé, et, dans l'ivresse de la victoire, on s'en est trop peu mis en peine.

En négligeant ces précautions et ces ménagements, on a compromis le sort d'une institution excellente qu'il eût fallu savoir faire accepter de l'armée et sauver à tout prix; on a fourni prétexte à des incriminations, à des résistances et à des refus de concours déplorables, et on a rendu à des arguments usés, à l'éventualité de révoltes et d'insurrections des indigènes en réalité impossibles ou tout au moins sans danger, une importance et une autorité passagères.

Hélas! le gouvernement civil et le ministère spécial y ont succombé, et le gouvernement militaire est allé reprendre possession de son palais à Alger, plus puissant que jamais!

On a dit dans un document officiel que c'était pour le mieux, et que ce n'était pas autre chose que le ministère spécial lui-même transporté au chef-lieu de la colonie, avec l'avantage de plus de pouvoir être mieux informé et plus à portée de faire les affaires de la colonisation.

Dieu le veuille! nul, parmi les amis de l'Algérie, ne le désire plus véritablement et plus sincèrement que l'auteur de ces lignes.

Paris.— Imprimerie de A. GUYOT ET SCRIBE, rue Neuve-des-Mathurins, 18.

www.ingramcontent.com/pod-product-compliance
Lightning Source LLC
Chambersburg PA
CBHW061059080726
47596CB00010B/1635